北京科技大学
University Of Science and Technology Beijing

留学生入学导向教程

International Students Enrollment Guide Tutorial

主编：赵立英
副主编：李宝铭
北京科技大学留学生中心

知识产权出版社
Intellectual Property Publishing House
全国百佳图书出版单位

图书在版编目（CIP）数据

留学生入学导向教程/赵立英主编.
—北京：知识产权出版社，2015.9
ISBN 978-7-5130-3751-8

Ⅰ. ①留…　Ⅱ. ①赵…　Ⅲ. ①留学生－入学教育－高等学校－教材　Ⅳ. ①G648.9

中国版本图书馆 CIP 数据核字(2015)第 209788 号

内容提要

本书通过漫画、图表、问答等多种简单易懂、形象生动的形式，分八个章节，从规定、签证、宿舍、奖学金、活动、学业、生活七个方面，对留学生入学后面临的各种问题进行深入浅出的说明，以帮助留学生顺利度过文化不适应期，轻松、愉快、充满信心地进入留学生活。

本书入选北京科技大学“十二五”规划教材，也是国内首本针对留学生入学后的导向教材，填补了我国导向性教材的空白。

责任编辑：石红华　　责任校对：董志英
装帧设计：宋聪聪　　责任出版：刘译文

留学生入学导向教程
赵立英　主编

出版发行：知识产权出版社有限责任公司　　网　　址：http://www.ipph.cn
社　　址：北京市海淀区马甸南村 1 号　　天猫旗舰店：http://zscqcbs.tmall.com
责编电话：82000860-8130　　责编邮箱：shihonghua@sina.com
发行电话：010-82000860 转 8101/8102　　发行传真：010-82000893/82005070/82000270
印　　刷：北京中献拓方科技发展有限公司　　经　　销：各大网上书店、新华书店及相关专业书店
开　　本：889 mm×1194 mm　1/16　　印　　张：6.25
版　　次：2015 年 9 月第 1 版　　印　　次：2015 年 9 月第 1 次印刷
字　　数：80 千字　　定　　价：38.00 元
ISBN 978-7-5130-3751-8

序

章新胜*

进入21世纪以来，随着全球化进程的不断推进，教育的国际化程度日益加深，教育的国际交流与合作日趋频繁，国际教育交往的形态正在发生新的变化。在这样的时代语境中，留学教育受到很多国家尤其是教育发达国家的高度关注，其所具有的政治功能、经济功能和国际交往功能受到重视的同时，其作为文化软实力重要体现的文化功能也越来越多地受到关注。教育的国际化程度尤其是高等教育的国际化程度成为一个国家文化软实力的重要体现。文化通过教育活动得以传递和深化，通过教育发展得以丰富。大学可以利用特有的优势促进不同文化的交流与融合，以消解文化冲突，进而促进世界文明的和谐，承担起文化传承创新、交流融合的功能。留学教育作为教育民间国际交流和文化民间国际交流的一个重要组成部分，是履行文化传承创新和交流融合的一个行之有效的方式，是传播和弘扬东道国文化的重要途径。

当前，中国“四个全面”战略布局正在稳步推进，政治实力、经济实力、科技实力和军事实力显著增强，文化软实力也在逐渐提高。在这个历史进程中，中国的高等教育应该承担起自己的历史使命，向成为世界高等教育强国迈进，而国际教育交流与合作已经成为高等教育发展的一个重要指标。来华留学教育作为高等教育的重要组成部分必须适应新形势新要求。在注重留学教育规模发展的同时，要统筹规模、质量、结构和效益，更加注重内涵发展和质量提升，在优化来华留学培养体系上下功夫，在提高来华留学生培养质量上下功夫，在增加来华留学教育影响力上下功夫。培养知华、友华的留学生是来华留学教育的重要目标，要达到这个目标，增强留学生对中华文化的了解是必由之路。

中华文化是世界文化大观园中的一朵奇葩，拥有自己独特的文化特质和悠久的文化传统。对于来华留学的外国学生而言，从自己的国家来到中国，充满着对陌生文化的好奇和期待，同时也充满顾虑，面临挑战。文化氛围的陌生感对于每一位留学生来讲都是严峻的挑战，大多数来华留学生来到中国之后都面临着跨文化适应的问题，诸如语言难关、学业压力、饮食不适、宗教习惯、举目无亲甚至居无定所、经济拮据等诸多难以适应的问题。因此，留学生的跨文化适应问题成为各国国际教育界关注的问题。随着来华留学教育规模的快速扩大，留学生跨文化适应的问题也成为影响来华留学教育发展和留学生自身发展的重要因素，这个问题也越来越受到中国教育界的关注。留学生初到中国会遇到什么样的困难？中国独特的文化传统和文化氛围会对留学生的跨文化适应产生什么样的影响？他们以什么样的方式参与中国的社会生活？影响他们社会交往的主要障碍是什么？如何帮助留学生顺利适应中国大学的学习生活？如何帮助他们建立有效的社交网络？这些都成为当前来华留学

---

*章新胜：教育部原副部长，现任中国教育国际交流协会会长。

教育发展过程中值得关注和深入研究的问题。

北京科技大学作为教育部首批来华留学示范基地，要充分发挥基地的示范作用，从顶层设计入手，运用系统性、整体性思维方式积极探索提高留学生培养质量的途径，解决制约来华留学教育发展的问题。“留学生入学导向课程”的开设和配套教材的编辑出版，是一项有利于提高留学生培养质量和来华留学教育发展的基础性工作，抓住了解决留学生跨文化适应的关键所在，采取问题与图片相结合的方式，通俗易懂，容易被不同国家留学生接受，是对当前来华留学培养体系、课程体系优化的有益探索，也是对留学生事务管理与发展指导工作的实践创新，必将对留学生自身发展和来华留学教育工作的开展产生积极的影响。

2015年7月

前言

进入21世纪，我国留学生教育事业快速发展，北京作为中国教育资源最丰富的城市之一，近年来，留学生人数呈跨越式增长。随着留学生规模逐年扩大，留学生教育工作遇到的问题更加多样化，最为突出的问题之一是如何帮助留学生顺利度过文化适应期。

来华学习的留学生来自世界各地，国别不同、宗教信仰各异、文化背景多样、语言交流不顺、远离祖国和亲人，这些给来华留学生在中国的学习和生活带来了诸多困难和挑战。为了探索创新新形势下留学生教育管理的形式和内容，优化留学生课程体系，同时也给留学生在中国的学习生活奠定良好基础，北京科技大学对这一难题作出了积极探索。

自2009年起，北京科技大学面向留学新生开设了入学导向课程，经过几年的努力探索，逐步实现了课程体系的规范化和专业化，留学生入学导向课程于2014年正式纳入留学生培养计划。本课程自开设伊始就受到留学生的欢迎，取得了事半功倍的效果。我们将接受过入学导向课程教育的留学生与没有接受过入学导向课程教育的留学生进行对比，前者能够更快地进入新生活，能根据学期安排制订学习计划，学习表现与成绩更好，参加各项活动更为积极，违反学校规定的几率更小，能够愉快而顺利地度过在校时光。因此我们认为留学生入学导向课程在留学生跨文化适应初期具有重要的地位。

为了提高教育教学效果，留学生入学导向课程教材应当注重内容的简明形象，实用管用，因此我们在这本教材中采取了漫画、图表、问与答等容易被各个国家各种类别的留学生接受的形式，使留学生更好更快地理解和掌握课程的内容。

本书是团队协作、共同努力的结晶，本书的作者均为北京科技大学留学生中心的留学生管理干部，他们都具有丰富的实践经验，为本书的完成奠定了基础。王戈策划并提出了本书的指导思想、编写原则和体系结构；赵立英统筹；佟秋石负责内容汇总和统稿工作，同时编写第一章、第三章、第五章、第八章；赵立英、毕惠芳编写第二章；贾兆义编写第四章；李宝铭、刘焱编写第五章；郭凯琳、刘邦宇编写第六章；郝建鸿编写第七章；高佳佳编写第八章。感谢图书设计宋聪聪，她通过图画生动准确地表达了本书内容。

感谢在本书编写过程中给予支持和鼓励的北京科技大学有关领导，感谢给予本书经费支持的北京科技大学教材建设基金。在本课程建设和本书编写过程中，我们参考借鉴了兄弟院校的有益经验和做法，在此一并表示感谢。

本书是对留学生入学教育和跨文化适应教育的初步探索，肯定还存在着诸多不足，我们期待广大同仁的批评、建议与指正，以期使本教材更加完善。

目录 mulu

1 第一章

简介篇

jianjiepian

第一课　北京科技大学简介

学校历史发展概况

1895年：北洋西学学堂创办的中国近代史上第一个矿冶学科。

1952年：天津大学、清华大学、唐山铁道学院、山西大学、北京工业学院、西北工学院等大学的部分系科组建成为北京钢铁工业学院。

1960年：更名为北京钢铁学院，被批准为全国重点高等学校。

1988年：更名为北京科技大学。

1997年：被确立为“211”工程的重点建设学校。

……

学校特色与发展愿景

办学使命：钢铁强国　科教兴邦

优良传统：学风严谨　崇尚实践

社会荣誉：钢铁摇篮

办学理念：以人为本

办学思路：特色化、精品化、国际化

育人目标：培养人格健全、专业过硬、具有高度社会责任感、宽广国际视野、突出实践能力、深厚人文底蕴的高素质专门人才。

发展愿景：建成一所大师群集、英才辈出、兼容并蓄、特色突出的高水平研究型大学。

学校标识

学校由土木与环境工程学院、冶金与生态工程学院、材料科学与工程学院、机械工程学院、自动化学院、计算机与通信工程学院、数理学院、化学与生物工程学院、东凌经济管理学院、文法学院、外国语学院、马克思主义学院、高等工程师学院，以及研究生院、体育部、管庄校区、天津学院、延庆分校组成。

现有18个一级学科博士授权点，73个博士学科点，121个硕士学科点，另有MBA（含EMBA）、MPA、法律硕士、会计硕士、翻译硕士和20个领域的工程硕士专业学位授予权，16个博士后科研流动站，48个本科专业。

学校冶金、材料、矿业、科技史4个全国一级重点学科学术水平蜚声中外。

校歌

摇篮颂歌

满井旁，一学堂
求实鼎新，熔基锻梁
师韵若兰吐芬芳
年华无悔付寒窗
百炼成钢寄耳旁
汗水挥洒有余香
啊……成长的摇篮
引我多少幻想
啊……成长的摇篮
给我多少力量
为你歌唱，为你歌唱，心醉神扬
满井旁，一学堂
与时俱进，科技兴邦
惟学无际天地贯
崇实求是创新天
银杏傲立百木奇
英才万千谱华章
啊……成长的摇篮
引我多少幻想
啊……成长的摇篮
给我多少力量
为你歌唱，为你歌唱，心醉神扬

校歌

北科华章

燕都故郡，壬辰上庠
师从北洋，教承冶矿
肇造华夏，兴国安疆
熔铁铸金，历练辉煌
蓟门巍巍，屹立国家希望
满井苍苍，泽润钢铁脊梁
举矿冶之星火，抚百年之国殇
奉科技以立校，育强国之栋梁

弘德育人，师韵兰香
呕心治教，克勤业广
风华砥砺，为仕坦荡
学风以谨，实践为尚
刚柔并济，德才昭彰
融冶以新，震铄四方
吾青年之盛志，如天光之正当
为中华之崛起，襄北科之华章

第二课　北京科技大学留学生教育情况简介

留学生教育发展概况

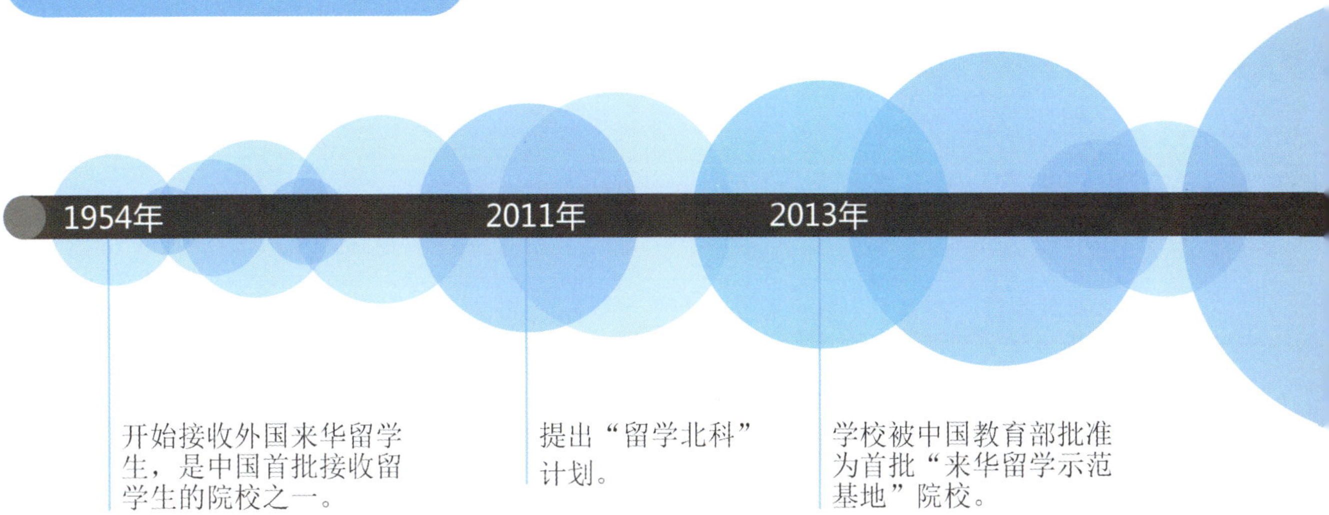

1954年至今，学校先后接收培养了来自亚洲、非洲、欧洲、美洲及大洋洲等150多个国家和地区的6400余名留学生。

学校有12个学院招收留学生，学校开设的专业全部向留学生开放，涵盖本科生、硕士研究生、博士研究生、进修生及汉语生等类别。

北京科技大学是中国政府奖学金项目高校，已经形成了包括中国政府奖学金、中国政府奖学金高校研究生项目、北京市外国留学生奖学金、北京科技大学校长奖学金、北京科技大学优秀留学生奖学金等在内的较为完善的面向留学生的奖学金体系。

留学生中心工作职责

留学生中心

留学生招生办公室

负责制订年度招生计划、发布招生信息、开发招生项目、报名咨询接待、入学申请处理、发放录取文件等与招生有关事宜。

留学生培养办公室

负责修订留学生培养计划，管理选课、成绩等教务，审核毕业资格，验证学位等与培养有关事宜。

留学生综合事务办公室

负责管理签证、组织各类活动、管理奖学金、建设信息网络、管理公寓、校友联络等综合性事务。

对外汉语教学中心

负责汉语生招生、汉语生日常事务、汉语师资建设、汉语教学、汉语考试等与对外汉语教学有关事宜。

2 第二章

规定篇

guidingpian

留学生的义务和权利

留学生的义务

1. 遵守中国宪法、法律、法规；
2. 遵守学校各项管理制度和规定；
3. 努力学习，按规定完成学业；
4. 按规定足额缴纳学费及其他费用，履行所获得奖学金的相应义务；
5. 养成良好的品德和行为习惯，尊敬师长，团结同学；
6. 有关法律、法规规定的其他义务。

留学生的权利

1. 参加学校教育教学计划安排的各项活动；
2. 使用学校提供的教育教学资源；
3. 在规定范围内参加学生团体及文体活动；
4. 申请面向留学生的奖学金；
5. 在道德水平、学业成绩等方面获得公正评价，完成学校规定学业后获得相应的学历证书、学位证书；
6. 有关法律、法规规定的其他权利。

一、入学与注册

入学

1. 被录取留学生应持《录取通知书》《外国留学人员来华签证申请表》（JW201/JW202 表）按规定时间到校报到；
2. 如因故不能按时报到，应向留学生中心请假；
3. 无故逾期不报到者，取消录取资格。

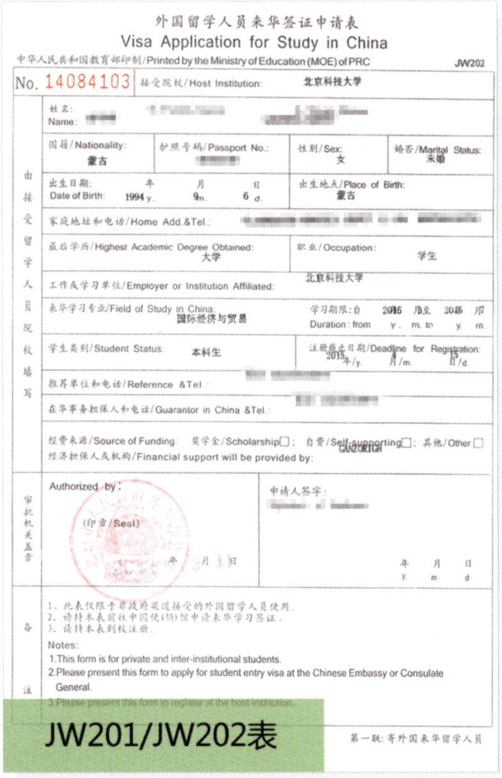

外国留学人员来华签证申请表

Visa Application for Study in China

中华人民共和国教育部印制/Printed by the Ministry of Education (MOE) of PRC JW202

No. 14084103 接受院校/Host Institution: 北京科技大学

由接受留学人员院校填写

姓名: Name: [redacted]

国籍/Nationality: 蒙古

护照号码/Passport No.: [redacted]

性别/Sex: 女

婚否/Marital Status: 未婚

出生日期: Date of Birth: 1994 年 y. 9 月 m. 6 日 d.

出生地点/Place of Birth: 蒙古

家庭地址和电话/Home Add.&Tel.: [redacted]

最后学历/Highest Academic Degree Obtained: 大学

职业/Occupation: 学生

工作或学习单位/Employer or Institution Affiliated: 北京科技大学

来华学习专业/Field of Study in China: 国际经济与贸易

学习期限:自 2015 年 月至 2016 年 月 Duration: from y. m. to y. m.

学生类别/Student Status: 本科生

注册截止日期/Deadline for Registration: 2015 年/y. 月/m. 15 日/d.

推荐单位和电话/Reference &Tel.: [redacted]

在华事务担保人和电话/Guarantor in China &Tel.: [redacted]

经费来源/Source of Funding: 奖学金/Scholarship□; 自费/Self-supporting□; 其他/Other□

经济担保人或机构/Financial support will be provided by: GANZORIGH

审批机关盖章

Authorized by: (印章/Seal) 年 月 日

申请人签字: [redacted] 年 y. 月 m. 日 d.

备注

1、此表仅限于非政府渠道接受的外国留学人员使用。

2、请持本表前往中国使(领)馆申请来华学习签证。

3、请持本表到校注册。

Notes:

1.This form is for private and inter-institutional students.

2.Please present this form to apply for student entry visa at the Chinese Embassy or Consulate General.

3.Please present this form to register at the host institution.

第一联:寄外国来华留学人员

JW201/JW202表

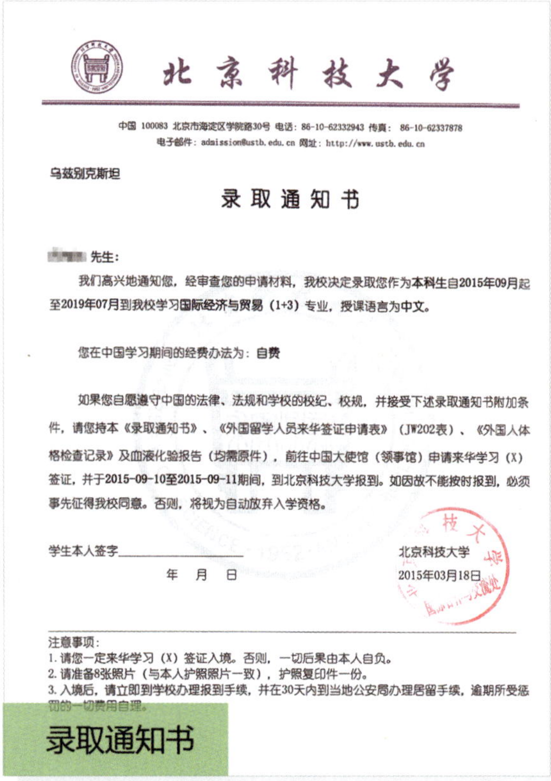

北京科技大学

中国 100083 北京市海淀区学院路30号 电话:86-10-62332943 传真:86-10-62337878

电子邮件:admission@ustb.edu.cn 网址:http://www.ustb.edu.cn

乌兹别克斯坦

录取通知书

[redacted] 先生:

我们高兴地通知您,经审查您的申请材料,我校决定录取您作为本科生自2015年09月起至2019年07月到我校学习国际经济与贸易(1+3)专业,授课语言为中文。

您在中国学习期间的经费办法为:自费

如果您自愿遵守中国的法律、法规和学校的校纪、校规,并接受下述录取通知书附加条件,请您持本《录取通知书》、《外国留学人员来华签证申请表》(JW202表)、《外国人体格检查记录》及血液化验报告(均需原件),前往中国大使馆(领事馆)申请来华学习(X)签证,并于2015-09-10至2015-09-11期间,到北京科技大学报到。如因故不能按时报到,必须事先征得我校同意。否则,将视为自动放弃入学资格。

学生本人签字__________

年 月 日

北京科技大学

2015年03月18日

注意事项:

1. 请您一定来华学习(X)签证入境。否则,一切后果由本人自负。

2. 请准备8张照片(与本人护照照片一致),护照复印件一份。

3. 入境后,请立即到学校办理报到手续,并在30天内到当地公安局办理居留手续,逾期所受惩罚的一切费用自理。

录取通知书

注册

1. 在校留学生应于每学期第1个月内,持缴纳学费发票和学生证进行注册;
2. 因故不能按时注册的应向留学生中心请假;
3. 无故超过10个工作日不注册者,按自动退学处理。

二、学制、转专业、休学、复学

学制

本科生学制4年　　硕士研究生学制2~3年　　博士研究生学制3~4年

转专业

1. 留学生可以于入学后**前5周内**申请转专业；
2. 单独上课的本科一年级留学生可以在**第一学期内**，在文科、理科专业内部申请转专业；
3. 本科生申请转专业需要填写《本科留学生转专业申请表》；
4. 研究生申请转专业需要填写《研究生转专业申请表》；
5. 进修生申请转专业需要填写《进修生转专业申请表》。

休学

1. 休学一般以一年为期，需要填写《留学生休学申请表》；
2. 申请休学的留学生，需同时办理居留许可注销手续。

复学

1. 留学生休学期满后，应提前一个月向留学生中心提出复学申请，并填写《留学生复学申请表》；
2. 申请复学的留学生，需同时申请办理JW202表，并在入境后到海淀区出入境检验检疫中心进行身体检查。

三、处分

有以下情形之一者，将被予以开除学籍（退学）处分：

1. 复学申请未被批准者；
2. 旷课累计达到50课时者；
3. 未请假或者请假未准连续10个工作日不参加学校规定的教学活动者；
4. 患有精神病、癫痫等疾病者；
5. 患有传染性疾病不适于在中国境内停留者；
6. 在校期间有反华言行，情节严重者；
7. 触犯中国法律并被中国法律机关处以拘留以上处罚者；
8. 其他严重违反校规校纪的行为者。

特别提醒

1. 受处分的留学生不得申请当年度的奖学金；
2. 留学生在校学习期间不得擅自外出打工、经商或从事其他经营性活动。若违反规定，视情节轻重给予相应处分；
3. 被开除学籍（退学）的留学生，需同时办理居留许可注销手续；
4. 被开除学籍（退学）的留学生学费不予退还；
5. 被开除学籍（退学）的留学生不得重新申请入学。

四、考试

1. 考试方式分为4种：

2. 成绩评定实行百分制，满60分即取得相应学分；
3. 课程取得成绩由平时成绩和考试成绩两部分组成；
4. 留学生缺课累计超过该门课程课时数的三分之一或缺交作业三分之一的，不得参加该门课程考试；
5. 留学生每学期的必修课程，考试成绩不及格或因合理原因不能参加考试的应参加补考；
6. 考试期间应遵守考场规定，发生违纪行为时，将给予相应的处分。

五、毕业、结业

1. 留学生在修业年限内，完成所有课程并取得规定的学分，完成毕业设计、论文，准予毕业，发给毕业证书；
2. 获得毕业证书并且符合学位授予条件者，发给相应学位证书；
3. 留学生在修业年限内，完成所有课程，但未取得规定的学分，准予结业，发给结业证书；
4. 结业的留学生，可在规定时间内修读未取得学分的课程，取得相应学分并通过毕业审核后，可发给毕业证书；
5. 语言生及进修生学习结束，通过全部考试或考核，发给进修证书。

特别提醒

遗失或损坏毕业证书或学位证书者，将不再补发相应证书。

3 第三章

签证篇

qianzhengpian

签证样图

A 签证种类：
X1长期学习签证（可以换成学习类居留许可）
X2——短期学习签证（不可以换成学习类居留许可）
L——旅游签证（可以换成学习类居留许可）
F——访问签证（可以换成学习类居留许可）

C 请于此前入境：
签证有效期，在此日期之前准许进入中国

E 入境章：
停留天数自入境之日起计算

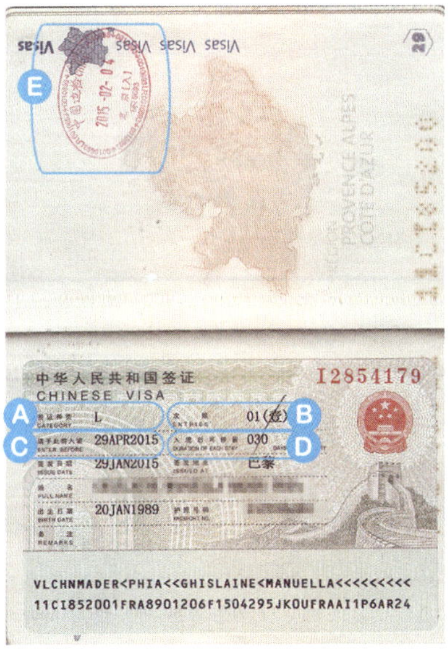

B 次数：
01（壹）——一次有效签证，在签证有效期内，可以进出中国一次
02（贰）——二次有效签证，在签证有效期内，可以进出中国两次
M（多）——在签证有效期内可以多次进出中国

D 入境后可停留天数：
000天——进入中国后可以停留30天
030天——进入中国后可以停留30天
060天——进入中国后可以停留60天
090天——进入中国后可以停留90天
留学生需要在停留期间把X1签证更换成居留许可证

案例分析

此签证为L签证，持此签证在2015年4月29日前，可以进入中国，进入中国后签证失效，持有者在2015年2月4日进入中国，可在中国境内停留30天，即至2015年3月6日，如果持有者在中国留学，需要在3月6日前把签证换成居留许可。

老师，我的签证是F签证。
我的签证是L签证。
L签证和F签证都需要更换成学习类的居留许可。
L签证和F签证都需要更换成学习类的居留许可。

居留许可证样图

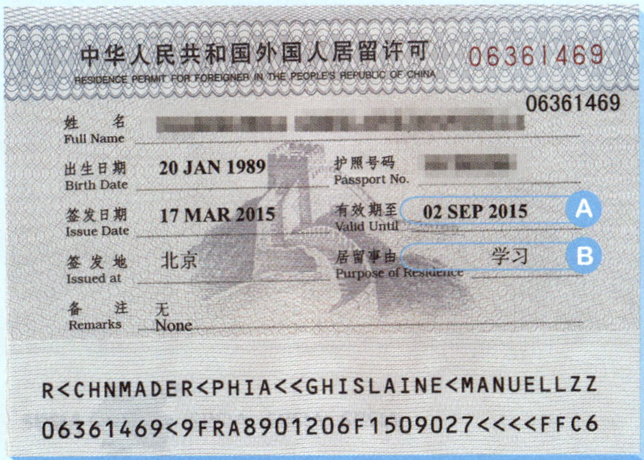

A 有效期至：
在居留许可有效期内，可以多次进出中国，需要在到期前一个月延长。

B 居留事由：“学习”
持学习类居留许可的外国人不可以在中国工作。

案例分析

此居留许可为学习类居留许可，有效期至2015年9月2日，在此日期前，持有者可以多次进出中国，不需要重新办理签证，如果9月2日以后持有者继续在中国学习，需要在2015年8月进行居留许可延长。

首先，大家要准备以下材料：

- ☑ 有效护照
- ☑ JW201/JW202表
- ☑ 录取通知书
- ☑ 住宿登记
  住在留学生宿舍的同学到宿舍服务台办理，在校外租房的同学需要由房东带领到住地所属派出所办理。
- ☑ 境外人员体格检查记录验证证明
- ☑ 一张照片（3.3cm×4.8cm，白色背景）

未满18岁的留学生除以上材料外，应提交的材料还有：

- ☑ 监护人公认书
- ☑ 监护人身份证复印件
- ☑ 监护人暂住证复印件（非北京籍监护人）
- ☑ 父母护照首页复印件
- ☑ 出生证明

附图

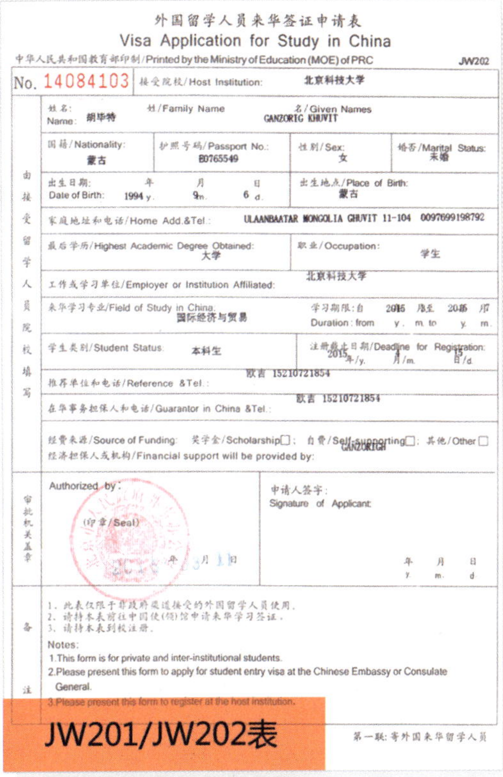
外国留学人员来华签证申请表
Visa Application for Study in China
中华人民共和国教育部印制/Printed by the Ministry of Education (MOE) of PRC JW202
No. 14084103 接受院校/Host Institution: 北京科技大学
由接受留学人员院校填写
姓名: Name: 胡毕特 姓/Family Name 名/Given Names GANZORIG KHUVIT
国籍/Nationality: 蒙古 护照号码/Passport No.: E0765549 性别/Sex: 女 婚否/Marital Status: 未婚
出生日期: Date of Birth: 1994 y. 9 m. 6 d. 出生地点/Place of Birth: 蒙古
家庭地址和电话/Home Add.&Tel.: ULAANBAATAR MONGOLIA GHUVIT 11-104 0097699198792
最后学历/Highest Academic Degree Obtained: 大学 职业/Occupation: 学生
工作或学习单位/Employer or Institution Affiliated: 北京科技大学
来华学习专业/Field of Study in China: 国际经济与贸易 学习期限:自 Duration: from 2015 y. 9 m. to 2019 y. 7 m.
学生类别/Student Status: 本科生 注册截止日期/Deadline for Registration: 2015 年/y. 9 月/m. 15 日/d.
推荐单位和电话/Reference &Tel.: 欧吉 15210721854
在华事务担保人和电话/Guarantor in China &Tel.: 欧吉 15210721854
经费来源/Source of Funding: 奖学金/Scholarship□; 自费/Self-supporting□; 其他/Other□
经济担保人或机构/Financial support will be provided by: GANZORIGH
审批机关盖章 Authorized by: (印章/Seal) 年 月 日
申请人签字: Signature of Applicant 年 y. 月 m. 日 d.
备注
1. 此表仅限于非政府渠道接受的外国留学人员使用。
2. 请持本表前往中国使(领)馆申请来华学习签证。
3. 请持本表到校注册。
Notes:
1.This form is for private and inter-institutional students.
2.Please present this form to apply for student entry visa at the Chinese Embassy or Consulate General.
3.Please present this form to register at the host institution.
第一联:寄外国来华留学人员

JW201/JW202表

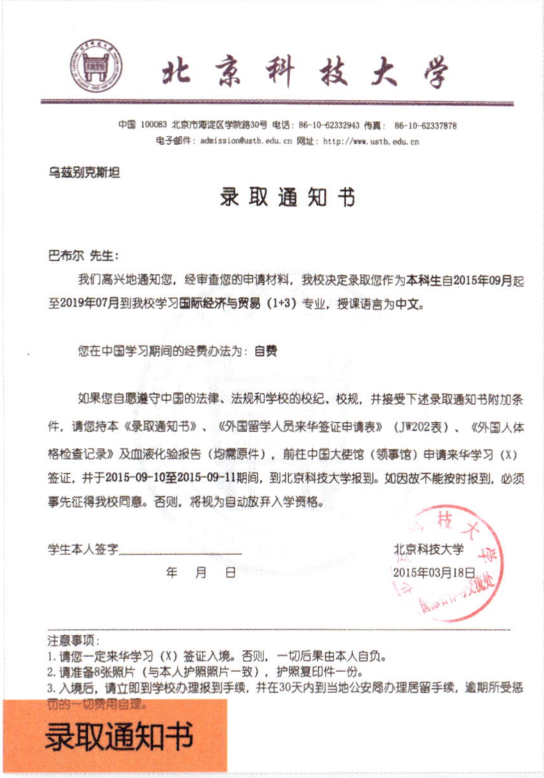
北京科技大学
中国 100083 北京市海淀区学院路30号 电话:86-10-62332943 传真:86-10-62337878
电子邮件:admission@ustb.edu.cn 网址:http://www.ustb.edu.cn
乌兹别克斯坦
录取通知书
巴布尔 先生:
我们高兴地通知您，经审查您的申请材料，我校决定录取您作为本科生自2015年09月起至2019年07月到我校学习国际经济与贸易(1+3)专业，授课语言为中文。
您在中国学习期间的经费办法为:自费
如果您自愿遵守中国的法律、法规和学校的校纪、校规，并接受下述录取通知书附加条件，请您持本《录取通知书》、《外国留学人员来华签证申请表》(JW202表)、《外国人体格检查记录》及血液化验报告(均需原件)，前往中国大使馆(领事馆)申请来华学习(X)签证，并于2015-09-10至2015-09-11期间，到北京科技大学报到。如因故不能按时报到，必须事先征得我校同意。否则，将视为自动放弃入学资格。
学生本人签字__________ 年 月 日
北京科技大学
2015年03月18日
注意事项:
1. 请您一定来华学习(X)签证入境。否则，一切后果由本人自负。
2. 请准备8张照片(与本人护照照片一致)，护照复印件一份。
3. 入境后，请立即到学校办理报到手续，并在30天内到当地公安局办理居留手续，逾期所受惩罚的一切费用自理。

录取通知书

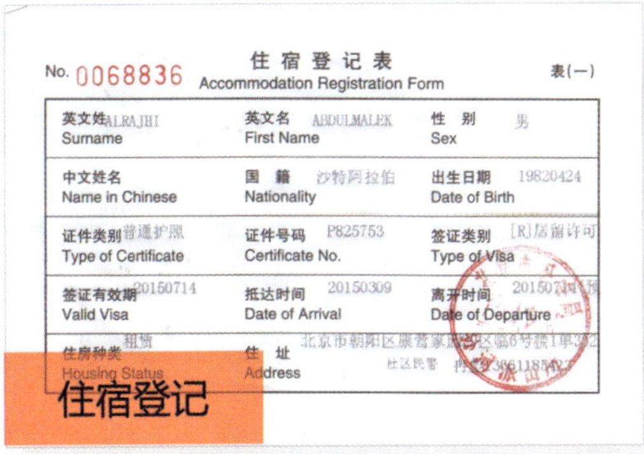
No. 0068836 住宿登记表 Accommodation Registration Form 表(一)

英文姓 Surname ALRAJHI	英文名 First Name ABDULMALEK	性别 Sex 男
中文姓名 Name in Chinese	国籍 Nationality 沙特阿拉伯	出生日期 Date of Birth 19820424
证件类别 Type of Certificate 普通护照	证件号码 Certificate No. P825753	签证类别 Type of Visa [R]居留许可
签证有效期 Valid Visa 20150714	抵达时间 Date of Arrival 20150309	离开时间 Date of Departure 2015071
住房种类 Housing Status 租赁	住址 Address 北京市朝阳区康营家园	

住宿登记

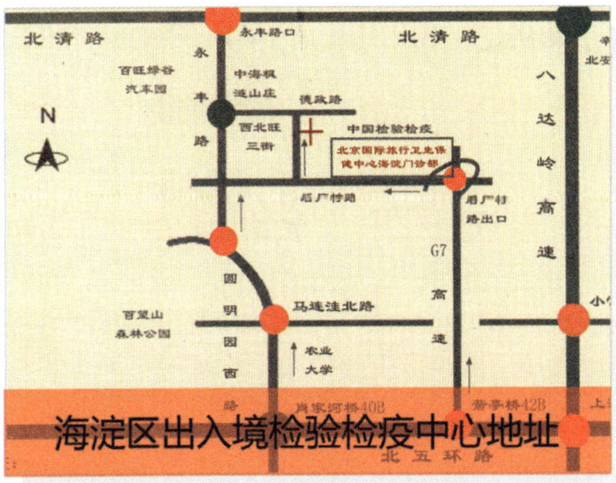

海淀区出入境检验检疫中心地址

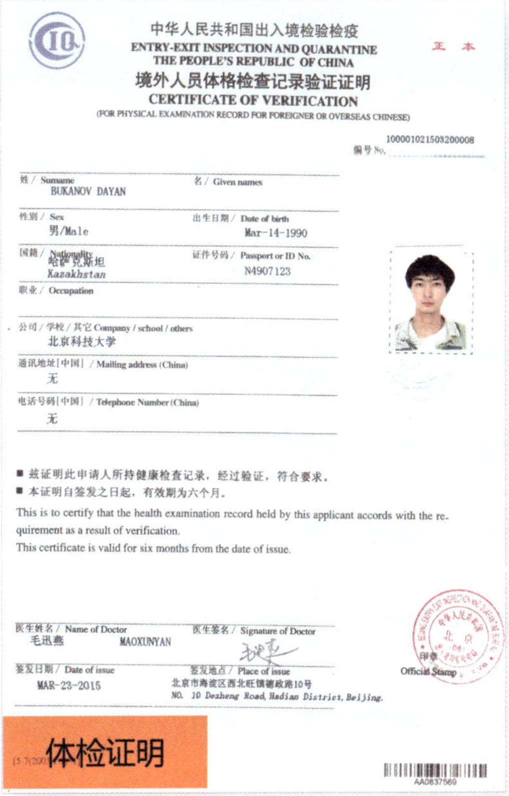
中华人民共和国出入境检验检疫
ENTRY-EXIT INSPECTION AND QUARANTINE THE PEOPLE'S REPUBLIC OF CHINA
正本
境外人员体格检查记录验证证明
CERTIFICATE OF VERIFICATION
(FOR PHYSICAL EXAMINATION RECORD FOR FOREIGNER OR OVERSEAS CHINESE)
编号 No. 100001021503200008
姓 / Surname BUKANOV DAYAN 名 / Given names
性别 / Sex 男/Male 出生日期 / Date of birth Mar-14-1990
国籍 / Nationality 哈萨克斯坦 Kazakhstan 证件号码 / Passport or ID No. N4907123
职业 / Occupation
公司 / 学校 / 其它 Company / school / others 北京科技大学
通讯地址[中国] / Mailing address (China) 无
电话号码[中国] / Telephone Number (China) 无
■ 兹证明此申请人所持健康检查记录，经过验证，符合要求。
■ 本证明自签发之日起，有效期为六个月。
This is to certify that the health examination record held by this applicant accords with the requirement as a result of verification.
This certificate is valid for six months from the date of issue.
医生姓名 / Name of Doctor 毛迅燕 MAOXUNYAN 医生签名 / Signature of Doctor
签发日期 / Date of issue MAR-23-2015 签发地点 / Place of issue 北京市海淀区西北旺镇德政路10号 NO. 10 Dezheng Road, Hadian District, Beijing.
印章 Official Stamp
AA0837569

体检证明

留学生B：

我们准备好材料后需要做什么呢？

老师：

把材料提交给留学生中心负责办理签证的老师。

留学生C：

这样就完成了吗？

老师：

提交材料后，大家要选择办理方式，自己办理签证，或者把材料交给北京商联国际商务服务有限公司（以下简称商联公司），由公司代办签证。

留学生A：

哪种方法比较方便呢？

老师：

由商联公司代办比较方便，只要交材料和500元（400元为居留许可政府费，100元为商联公司服务费），30天后到留学生中心领取护照就可以了。

自己去办理比较麻烦，但是可以节省100元钱，而且可以在领取护照时付钱。

同学们可以根据自己的情况选择办理方式。

办理流程图

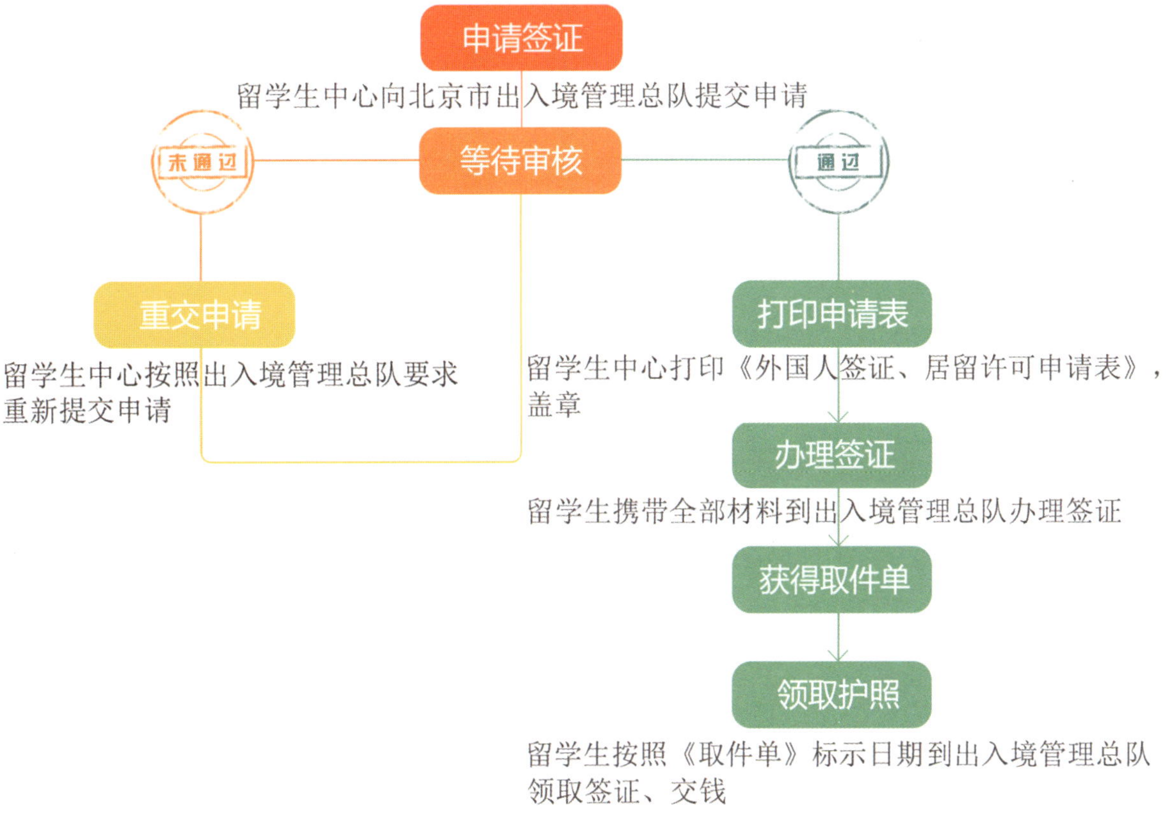

TIPS

北京市公安局出入境管理总队地址：东城区安定门东大街2号。

乘坐公交车在北官厅、东直门北小街北口、北小街豁口等站下车。

乘坐地铁在雍和宫站下车，下车后步行至目的地。

延长居留许可应提交材料

签发地：北京

- ☑ 护照
- ☑ 住宿登记
- ☑ 照片

签发地：非北京

- ☑ 护照
- ☑ 住宿登记
- ☑ 照片
- ☑ 毕业证书或毕业证明
- ☑ 录取通知书

未满18岁的留学生除以上材料外，应提交的材料

- ☑ 监护人公证书
- ☑ 监护人身份证复印件
- ☑ 监护人暂住证复印件（非北京籍监护人）

为配偶或子女申请签证应提交的材料

- ☑ 亲属关系证明（中国境外出生子女）
- ☑ 出生证明（中国境内出生子女）
- ☑ 住宿登记
- ☑ 照片

护照丢失

留学生在学期间，贴有居留许可的护照丢失，可按如下流程办理：

报案

到护照丢失地派出所报案

↓

报失

到出入境管理总队办事大厅报失居留许可

↓

申请护照

到驻华使馆申请新护照

↓

申请居留许可

领取新护照之日起，须在10日内，办理新《外国人临时住宿登记表（预）》
然后到留学生中心申请《外国人签证、居留许可申请表》

↓

办理居留许可

到出入境管理处办事大厅办理新居留许可

签证或居留许可过期

签证或居留许可过期的留学生须到居住地所属出入境接受处罚，处罚类型分为：

警告

罚款
每非法居留1日处以500元/日的罚款，总额不超过10000元。

拘留或离境
处3日以上、10日以下的拘留，情节严重的并处限期离境。

特别提醒

1. 持有居留许可的留学生，更换新护照后，需在领取到新护照之日起，10日内进行居留许可变更。
2. 持有居留许可的留学生申请转学、休学、退学时，需要办理居留许可注销手续。
3. 留学生在学期间，重新申请X1, L, F等签证入境，需要重新办理JW202表，录取通知书，体检报告。

4 第四章 宿舍篇

sushepian

入住

1. 新生持《录取通知书》、护照办理入住，在校生持护照、有效的居留许可、学生证办理入住；
2. 按照房间类型（双人间、三人间、四人间），分别由2名、3名、4名留学生共同使用一个房间；
3. 入住时需一次性交齐一学期住宿费，并办理门禁卡。

日常管理

1. 留学生需经留学生公寓办公室同意后，方可调换房间；
2. 免住宿费的留学生每人每月提供50度电，超过部分需自费购买，自费留学生用电需自费购买；
3. 留学生长期外出（3天以上）需关闭室内电源，以防发生火灾；
4. 留学生公寓会客时间为10:00～22:00；访客需持护照或学生证，登记后方可入内，访客需按规定时间离开。

退房

1. 留学生应提前3天到公寓服务台办理退房手续，如2015年7月20日退房，需在7月18日到公寓服务台办理退房手续，并结算住宿费；
2. 退房时需要清空房间内个人物品，并归还钥匙；
3. 搬到校外居住的留学生，需要先办理《外国人临时住宿登记》，交给公寓服务台复印后，方可办理退房手续。

特别提醒

被取消住宿资格的留学生，需在规定期限内搬离留学生公寓，并清空房间内的个人物品，如果逾期未搬离，公寓有权对室内物品进行清空。

违反规定的处罚办法

1. 破坏公寓公共物品者，必须按照物品价格进行赔偿。
2. 违反日常规定者，将视情节给予警告、严重警告、取消住宿资格处分；两次警告记为1次严重警告，得到两次严重警告者取消住宿资格。

特别提醒

1. 留学生住宿期间，更换新护照、更换签证、延长住宿登记等，需在领取到护照3日内到留学生公寓服务台进行登记。
2. 留学生外出、回国超过3日，但不办理退房者，需在出发前到留学生公寓服务台登记。

第五章

5 奖学金篇

jiangxuejinpian

第一课　奖学金项目介绍

留学生：

老师，我马上毕业了，我想继续读研究生，我能申请奖学金吗？

老师：

你可以申请“北京科技大学校长奖学金”。

留学生：

我可以同时申请“中国政府奖学金——高校研究生项目”吗？

老师：

不可以，只有没有在中国学习过的留学生才可以申请“高校研究生项目”，你已经在中国学习，所以不能申请。

中国政府奖学金

国别奖

设立机构：中国教育部
管理机构：中国国家留学基金管理委员会
申请机构：所在国负责留学生派遣的政府部门、相关机构或中国大使馆

高校研究生项目

设立机构：中国教育部
管理机构：中国国家留学基金管理委员会
申请机构：北京科技大学留学生中心
申请条件：
- ☑ 非中国籍公民
- ☑ 没有在中国留学经历
- ☑ 申请硕士学位，须具有学士学位，年龄不超过35周岁
- ☑ 申请博士学位，须具有硕士学位，年龄不超过40周岁

申请时间：每年3月1日至4月15日
奖学金待遇：全奖
奖学金内容：1.免交学费、实验费、实习费、校内住宿费
2.提供奖学金生活费：
硕士研究生 3000元/月
博士研究生 3500元/月
3.提供中国政府奖学金来华留学生综合医疗保险

北京市奖学金

北京市外国留学生奖学金

设立机构：北京市教育委员会
管理机构：北京科技大学留学生中心
申请机构：北京科技大学留学生中心

申请条件：☑ 非中国籍公民
☑ 未获得其他类型资助学费的奖学金
☑ 学习成绩优异、行为表现良好

申请时间：新申请入校留学生：每年3月1日至5月30日
在校留学生：每年4月1日至4月30日

奖学金内容：减免学费

	本科生	硕士研究生	博士研究生
全额奖学金	20000元	30000元	40000元
1/2奖学金	10000元	15000元	20000元
1/4奖学金	5000元	7500元	10000元

北京科技大学奖学金

校长奖学金

设立机构：北京科技大学

管理机构：北京科技大学留学生中心

申请机构：北京科技大学留学生中心

申请条件：☑ 非中国籍公民
☑ 申请硕士学位，须具有学士学位，年龄不超过35周岁
☑ 申请博士学位，须具有硕士学位，年龄不超过40周岁

申请时间：每年3月1日至4月30日

奖学金待遇：全奖

奖学金内容：1. 免交学费、基本教材费、实验费、实习费、校内住宿费
2. 提供一次性安置补助费1500元
3. 提供奖学金生活费：
硕士研究生 1700元/月
博士研究生 2000元/月
4. 提供来华留学生综合医疗保险

优秀留学生奖学金

设立机构：北京科技大学

管理机构：北京科技大学留学生中心

申请机构：北京科技大学留学生中心

申请条件：
- ☑ 北京科技大学在校学习一年以上的留学生
- ☑ 学习成绩优异、行为表现良好
- ☑ 积极参加各类活动
- ☑ 认真配合留学生教育管理相关工作

申请时间：每年10月1日至10月30日

奖学金内容：一等奖 5000元
二等奖 3000元
三等奖 1000元

第二课　奖学金加分细则

留学生：

老师，留学生中心是根据什么决定是否给留学生奖学金呢？

老师：

最重要的是你们在学期间的学习成绩，成绩越好的同学，获得奖学金的可能性越大。

留学生：

如果我学习成绩不是最好的，但是我经常参加留学生中心组织的活动，也在留学生中心做学生助理，帮助老师工作，在评选奖学金时可以给我加分吗？

老师：

当然可以，老师希望你们不仅在中国学习到了知识，也能积极参加各种活动，度过丰富多彩的留学生活。

一、学术

序号	项目名称	项目内容	分数
1	论文	SCI、EI检索论文	1～5
2		核心期刊	0.5～1
3	竞赛	国家级竞赛	5
4		北京市级竞赛	3
5		校级竞赛	1

二、学生工作

根据工作情况评定，加1～4分

序号	项目名称	项目内容	分数
1	学生工作	助理	1～4
2		形象大使	3
3		班长、班级联系人	1～3
4		学生会	1～4

三、比赛

序号	项目名称	项目内容	分数	参与
1	各类比赛	世界级比赛	4	0.3
2		国家级比赛	3	0.3
3		北京市级比赛	2	0.3
4		市级以下比赛	1	0.3

四、学校活动

序号	项目名称	项目内容	分数
1	学校活动	留学生文化节	0.3
2		新年招待会	0.3

特别提醒 加分上限为10分，超过10分不予累加。

第三课　奖学金生管理规定

获得中国政府奖学金～国别奖、中国政府奖学金～高校研究生项目、北京科技大学校长奖学金的留学生，需严格遵守此规定。

一、报到与注册

1. 奖学金生需按录取通知书要求按时报到，如因故不能按时报到，需向留学生中心请假，未请假或请假未批准但推迟报到，视为放弃奖学金；
2. 奖学金生需在每学年开学时进行奖学金注册，如因故不能按时注册，需向留学生中心请假，未请假或请假未批准但推迟注册的，视为放弃奖学金。

二、住宿

1. 留学生中心为奖学金生提供留学生公寓双人间免费住宿，不提供单间宿舍；
2. 奖学金生搬到校外居住，视为放弃公寓住宿权利，房间不予保留。

三、生活费发放

1. 生活费将于每月15日发放到留学生中心统一办理的银行卡中；
2. 如果银行卡丢失，学生需报告留学生中心，并自行到银行补办，办好新卡后交给班主任复印存档；

   因银行卡丢失造成的生活费损失，留学生中心不予补发
3. 每学期留学生中心将视情况进行奖学金生生活费注册，需学生亲自签字，未进行注册的奖学金生，停发注册当月生活费；
4. 因各种原因停发的生活费，将视情况，于次月补发或取消。

四、签证

1. 奖学金生需在居留许可到期一个月前进行延长；
2. 因个人原因造成签证过期，将视情节停发或取消当月生活费；
3. 奖学金生在学期间如申请X1、L、F等签证入境，需重新办理JW202表并进行体检，费用自理。

五、年度评审

1. 奖学金生需按时参加奖学金年度评审，无故未参加取消奖学金；
2. 奖学金生在学期间作出违反中国法律规定、学校规定等行为的，将视情节给予停发或取消奖学金处罚。

六、奖学金医疗费报销说明

1. 校长奖学金生，将于每年11月收到650元医疗费，作为一学年内（该年9月至次年8月）的公费医疗费用，中国政府奖学金生的生活费包含医疗费，不再单独发放此项费用；

2. 一学年内，医疗费用累计在650元以下，不予报销；
3. 一学年内，医疗费用超过650元，在20000元以下，通过保险理赔85%，即上交所有发票和病历，减去650元后，其余部分保险赔付85%；
4. 保险理赔每天花费最高为600元，超出部分自费。

案例分析

留学生A从2013年9月到2014年8月，医疗费用共600元，那么，他需要自己支付这些钱，保险公司不予赔付；

留学生B从2013年9月到2014年8月，医疗费用共15000元，那么保险公司理赔的金额为（15000-650）x 85%=12197.5元，剩余部分需要自己支付。

特别提醒

奖学金生镶牙、补牙、拔牙、配眼镜、分娩、人工流产、矫正生理缺陷、购买营养滋补品和其他超过公费医疗支付范围和标准的费用，以及治疗来华前已患有的慢性疾病的费用由学生本人自理。因违反法律、校纪行为导致伤亡事故所支付的医疗及其他有关费用，由学生本人自理。

七、校长奖学金生书费报销说明

每月26、27、28日留学生凭学生证，将书费报销材料交至留学生中心，并进行登记，遇假期提前，材料内容包括：

1. 书费发票（发票名称填写“北京科技大学”）。
2. 购书明细：

报销仅限于上课指定教材，不包含辅导参考资料；

报销书费于次月15日左右，汇入留学生银行卡中。

特别提醒　中国政府奖学金生生活费已包含书费，不再单独报销。

6 第六章

活动篇
huodongpian

同学们好，大家最近学习怎么样？生活得愉快吗？
刚开始有点难，但是我很努力，课前预习，课后认真复习、完成作业，现在觉得越来越好。
我也是，但是每天只学习感觉很枯燥，老师，我们有什么活动吗？
留学生中心会组织大家进行各种各样的活动，也希望同学们可以积极参加这些活动，并在活动中认识新朋友，学习新知识，提高自己的能力，度过快乐的留学时光。

留学生菁英计划

助理团队

活动内容： 通过考试招收留学生中心助理

助理职责： 协助留学生中心老师做好留学生招收、培养、活动、日常管理等方面的工作

活动对象： 学习成绩优异，汉语水平良好，掌握除汉语、英语外的1～2门语言，乐于帮助同学，善于沟通的留学生

形象大使

活动内容： 聘任北京科技大学留学生形象大使

形象大使职责： 在其所在国家推广我校的留学生招生工作

活动对象： 热爱北京科技大学，善于沟通的留学生

班长

活动内容： 集中授课班级分别选举一名班长

班长职责： 负责班级活动的组织、同学联络、信息传达等工作

活动对象： 学习成绩优异，出勤率高，组织能力强，乐于帮助同学，善于沟通的留学生

班级联系人

活动内容： 非集中授课班级每班选举一名联系人

联系人职责： 负责同学联络、信息传达等工作

活动对象： 学习成绩优异，出勤率高，组织能力强，乐于帮助同学，善于沟通的留学生

留学生学生会

活动内容： 招聘留学生学生会成员

学生会职责： 协助老师完成迎新、毕业、留学生文化节等大型活动的组织工作

活动对象： 组织能力强，乐于帮助同学，善于沟通的留学生

文化类活动

中华国情大课堂

活动内容：中华文化体验课（国画、书法、茶艺、太极拳、中国菜烹饪等）
参观体验活动
活动时间：4月、10月
活动对象：全体留学生留

留学生文化节

活动内容：各国风俗文化展、文艺表演
活动时间：4月或5月
活动对象：全体留学生，以国家为单位参加

CCTV“汉语桥”全球外国人汉语大会

活动内容：采用预赛、复赛、复活赛、决赛的赛制，立足于汉字和汉语文化进行比赛，并通过电视、网络等多种媒体播出
活动时间：4月～6月
活动对象：汉语水平良好、对中国文化有一定了解的留学生

文艺类活动

“吾肆放歌”校园歌手大赛

活动内容：与中国同学一起，通过初赛、复赛、决赛的演唱比拼，取得“校园十佳歌手”称号
活动时间：4月～5月
活动对象：热爱演唱的留学生

留学生新年招待会

活动内容：留学生、教师欢聚一堂，欣赏文艺节目，同时对本年度优秀留学生与教师进行表彰，师生共迎新年
活动时间：12月
活动对象：全体留学生，邀请有文艺特长的留学生进行表演留学生

体育类活动

留学生足球队

我校留学生足球队多次在北京高校留学生足球联赛、北京科技大学七人制足球赛中获得冠军。

活动内容：组建留学生足球队，进行日常训练，并参加各类足球比赛

活动对象：热爱足球运动的留学生

留学生篮球队

活动内容：组建留学生篮球队，进行日常训练，并参加各类篮球比赛

活动对象：热爱篮球运动的留学生

留学生羽毛球队

活动内容：组建留学生羽毛球队，进行日常训练，并参加各类羽毛球比赛

活动对象：热爱羽毛球运动的留学生

留学生乒乓球队

活动内容：组建留学生乒乓球队，进行日常训练，并参加各类乒乓球比赛

活动对象：热爱乒乓球运动的留学生

留学生排球队

活动内容：组建留学排球队，进行日常训练，并参加各类排球比赛

活动对象：热爱排球运动的留学生

校友活动

留学生校友会

活动内容：招聘留学生校友会成员

校友会职责：建立校友档案，建立海外北京科技大学留学生校友分会，保持与留学生校友联系，定期组织活动，遇重大节日、活动邀请毕业校友回访母校。

活动对象：热爱北京科技大学，组织能力强，善于沟通的留学生

制作《留学生校友录》

活动内容：毕业时留学生中心为毕业生制作《留学生校友录》，毕业生需提供个人照片、个人信息、在学期间团体活动照片。

活动对象：全体毕业生

7 第七章

学业篇

xueyepian

学期安排

（具体安排请参考学历）

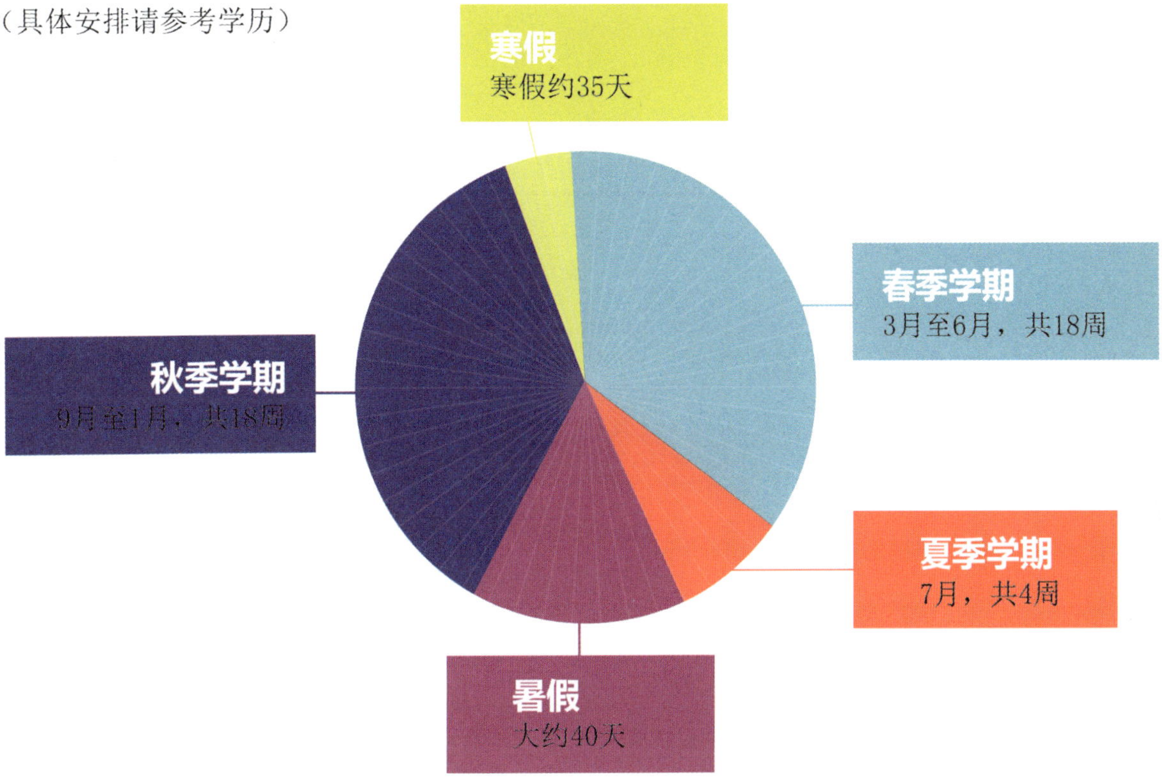

课程安排

1. 本科留学生一年级分为文科班、理科班，单独上课，二年级开始与中国学生合班上课；

2. 英文授课硕士研究生单独上课，中文授课硕士研究生与中国学生合班上课；

3. 留学生毕业要求与中国学生相同；
4. 每16课堂学时对应1学分，学生通过考试后可获得学分。

课程类型

必修课

学生必须完成、不能自主选择的课程；

选修课

由院系开设，供本院学生选择的课程，学生可根据专业方向进行选择，修够学分即可。

选课

1. 本科生自**二年级**起需要根据培养计划选课，选课时间为每学期**开学到开课后的6日内**，开课后的**10日内**可以退选课；
   本科生选课网址：http://elearning.ustb.edu.cn/choose_courses/index.action

2. 研究生自**一年级**起需要根据培养计划选课，选课时间为**学期末和开学第一周**；
   研究生选课网址：http://yjsyl.ustb.edu.cn:8080/pyxx/login.aspx

特别提醒

1. 如果不选课，期末将无法获得成绩；
2. 对于选定的课程，如果你中途放弃或没参加考试，那么这门课程的成绩会被记做零分。

补考和重修

补考

1. 本科生如果没有通过必修课考试，需进行补考，补考时间一般为**开学前一周和开学第一周**（实验课程除外）；

2. 选修课没有补考；
3. 公共课程由学校统一安排补考，具体时间可查看本科教学网；
4. 专业课程由学院安排补考，补考的时间可以到学院本科生教务办公室咨询，也可以查看本科教学网；
5. 补考通过的课程成绩记为“60”分；
6. 本科教学网：http://teach.ustb.edu.cn/；
7. 研究生必修课不安排补考，如果没有通过，需要重修。

重修

1. 补考没通过的课程需要重修；
2. 重修课程需要在网上选课，如果不选课，无法获得成绩；
3. 重修课程需要参加期末考试，如果考试没有通过，可以参加补考；
4. 选修课没有通过考试，不要求重修，可以选择其他选修课程，只要修够要求的学分即可。

学籍异动

本科生学籍的延长、休学、复学、退学、转专业等学籍异动，需填写相应的申请表，到留学生中心办理。

研究生学籍的延长、休学、复学、退学、转专业等学籍异动，请参阅《北京科技大学研究生学籍管理规定》办理，最后需到留学生中心备案。

对于中国政府奖学金学生休学、转专业，需提供驻华大使馆或者派出单位的同意函。

各类申请表下载地址：http://oice.ustb.edu.cn/xiangguanxiazai/liuxuekeda/。

考勤

留学生中心与任课教师将对留学生上课情况进行考勤，留学生因故不能上课，应事先请假。未请假或请假未被批准而不上课者，均按旷课处理。

特别提醒

凡旷课累计超过课程总学时的三分之一者，将失去参加该课程考试的资格，该课程成绩记为“0”分。

请假

1. 本科生请假需填写“请假单”，交留学生中心班主任进行审批；
2. 研究生请假需填写“请假单”，首先交导师审批，然后交留学生中心班主任审批；
3. 未经批准缺课者，按旷课处理，连续旷课超过10个工作日（含10个工作日）以上按自动退学处理；
4. 因病不能上课，须持医生出具的诊断证明请假。因病长期不能坚持学习者(病假超过本学期总学时的三分之一)，应申请休学。休学期间应回国治疗，如恢复健康，凭医院诊断证明，可以复学。休学期满，尚未康复，仍不能坚持正常学习者，作退学处理。

学生证

学生证是学生身份的证明文件，需要妥善保管，每学期初在学生证上进行注册，如果遗失需尽快补办。

本科留学生补办学生证流程

1	2	3
下载《补办学生证申请表》，下载地址：http://oice.ustb.edu.cn/xiangguanxiazai/liuxuekeda/2013-08-28/1520.html	填写《补办学生证申请表》，并打印	交留学生中心班主任处办理，办理时间5个工作日

研究留学生补办学生证流程

1	2	3	4
下载《补办学生证申请表》，下载地址：http://oice.ustb.edu.cn/xia gguanxiazai/liuxuekeda/2013 08-28/1520.html	填写《补办学生证申请表》，并打印	交留学生中心班主任处审核盖章	携带《补办学生证申请表》到研究生院培养办公室办理

学习证明

留学生中心提供中文、英文学习证明。

学习证明办理流程

1. 下载《在读证明模板》，下载地址：http://oice.ustb.edu.cn/xiangguanxiazai/liuxuekeda/2012-09-10/105.html
2. 填写《在读证明模板》，并打印
3. 交留学生中心班主任处审核、盖章

成绩单

留学生结业或毕业时，留学生中心将提供中英文总成绩单各一份。
留学生在学期间需要成绩单可以自行办理。

毕业

毕业要求

本科生：根据教学计划，修满规定的学分和课程，完成毕业论文或毕业设计。
研究生：修满规定的学分和培养方案规定的课程，考试成绩合格，通过毕业论文答辩。
不同院系的学分要求不同。研究生入学后应及时与导师联系，在导师的指导下选课并完成论文。

毕业流程

1. 本科生

本科生在四年级第二学期进行毕业设计（论文）。

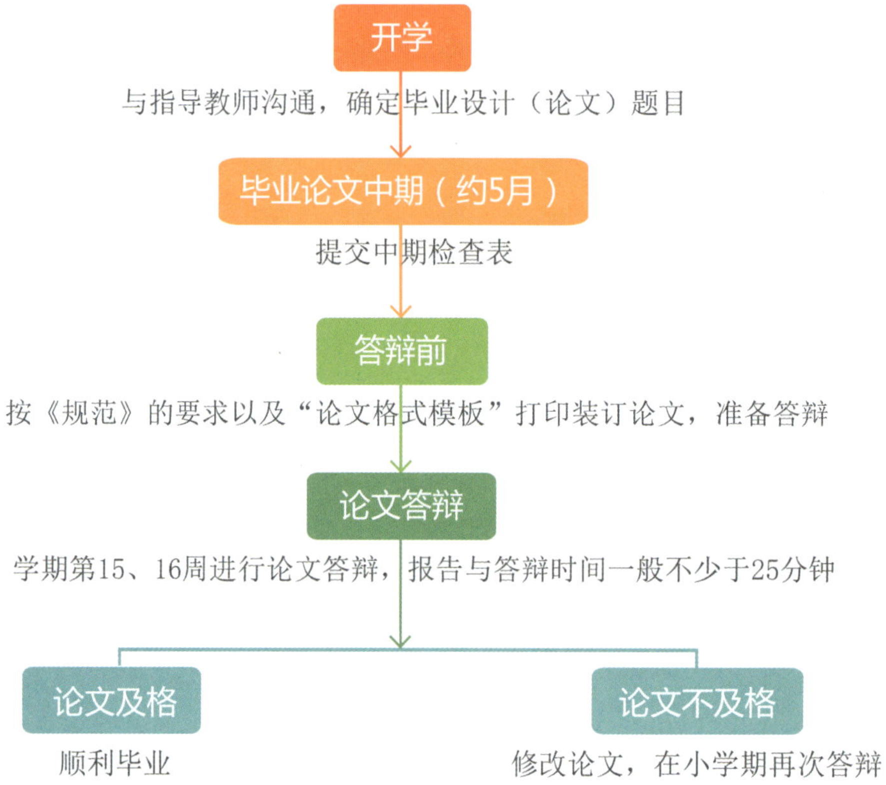

2. 硕士研究生

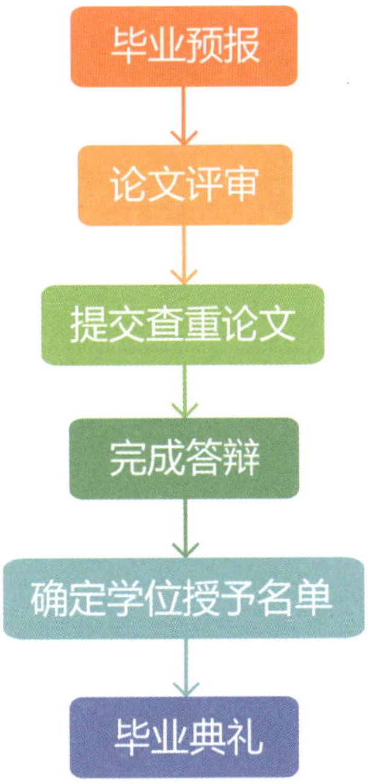

3. 博士研究生

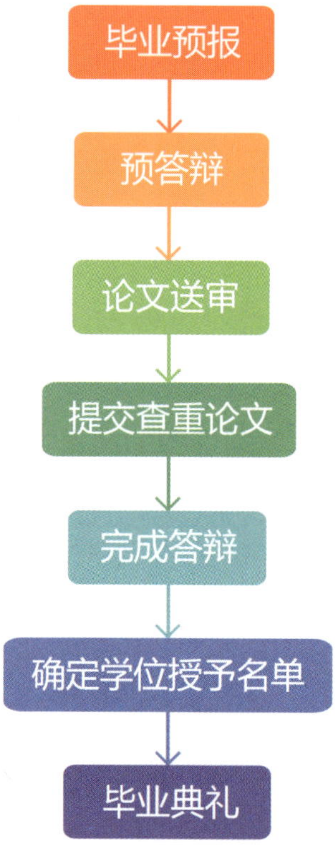

硕士、博士申请学位的详细时间和流程表（按学期发布），可在研究生院网站：http://gs.ustb.edu.cn/和研究生信息管理系统：http://yjsy1.ustb.edu.cn:8080/pyxx/login.aspx中下载。

离校手续

学历留学生（本科生、研究生）毕业时，请于毕业典礼前一星期凭学生证到留学生中心领取《离校手续单》，办理如下手续：

（1）注销学生证；

（2）注销借书证（图书馆）；

（3）研究生核对论文提交情况；

（4）毕业设计指导教师签字；

（5）办好后，需将《离校手续单》交回留学生中心。

毕业典礼

毕业典礼一般在每学期第17周周五举行，春季学期一般在6月，秋季学期一般在1月；

毕业典礼前，毕业生可从留学生中心领取学位服，毕业典礼结束后应归还；

邀请家人、朋友前来参加毕业典礼，须事先到留学生中心领取毕业典礼门票，观礼者凭票入场。

证书发放

毕业典礼结束后，符合毕业要求的留学生当天即可领取学位证书、毕业证书；

不符合毕业要求的留学生，在补修够学分或完成各项毕业手续后方可领取学位证书、毕业证书。

离校

留学生毕业、结业后需在规定日期内搬离留学生公寓。

8 第八章

生活篇

shenghuopian

住　宿

校内住宿

1. 北京科技大学留学生公寓包括：4斋留学生公寓、老留学生公寓、21栋留学生公寓、22栋留学生公寓。
2. 房型：单人间、双人间、AB间、三人间、四人间及家庭套间。

单人间　双人间　AB间　三人间　四人间　家庭套间

3. 可容纳600余名留学生住宿。

4斋留学生公寓

- 4斋留学生公寓服务台在4斋1层，7:00～23:00工作，服务台电话是62333702；
- 4斋留学生公寓配置了家具、网络、电话、电视、空调、独立卫生间、24小时热水，并定期提供清扫服务。

老留学生公寓

- 老留学生公寓服务台在老留学生公寓1层，7:00～23:00工作，服务台电话是62333585；
- 老留学生公寓配置了家具、网络、电话、电视、空调，每个楼层有公用卫生间及公共浴室（24小时热水）。

留学生中心位于老留学生公寓1层。

特别提醒

1. 由于留学生公寓的房间数量有限，不可能满足所有学生的需要，因此必须事先预订房间；
2. 对于延长学习期限的留学生，学校不提供校内的住房。

校外住宿

居住在校外的留学生必须按照中国法律规定，办理《外国人临时住宿登记表》。办理地点是住地所在的辖区派出所，需要携带护照同你的房东一起去办理。

《外国人临时住宿登记表》是除了签证以外的另外一个非常重要的证件，请和护照放在一起保管好。《外国人临时住宿登记表》在办理签证时需要提供。

特别提醒

1. 请通过正规的网站或房屋中介租赁住房；
2. 在签署租房合同和付租金之前，请务必确认，房东可以为你办理住宿登记，如果不能，请不要租住该房屋，否则你很可能会因为非法居留而遇到麻烦；
3. 留学生在更换住址、更换护照、延长居留许可后都需要重新办理住宿登记，并交给留学生中心老师复印。

同学们在学习期间的地址和联系方式会发生变化，在这种情况下大家一定要记得及时告诉留学生中心你的新地址、电话和 E-mail，因为留学生中心会经常向留学生发出重要通知，在紧急情况下需要和你们联系，只有掌握了准确的联系方式，我们之间才能保持经常而顺畅的联络，当你们有困难和问题时留学生中心也可以及时地帮助你们。留学生中心会为你的联系方式保密。

医院就医

北京科技大学医院位于南二门旁，提供门诊服务，就诊时需携带学生证与护照；北京科技大学医院急诊电话是62332909。

你也可以去北京大学第三医院就诊，就诊时需携带护照。

就诊流程

北京大学第三医院地址：海淀区花园北路49号，急救电话：62751919。

特别提醒

1. 紧急情况下可拨打公共急救电话120或999；
2. 请保存好病历与就医发票。

餐饮服务

北京科技大学共有两个食堂：万秀园及鸿博园，可提供日常餐饮及清真餐（鸿博园三层），你可持校园卡前往就餐。食堂营业时间：6:30～9:00；11:00～13:00；17:00～20:00。

校园卡在入学报到时由留学生中心统一办理发放。校园卡仅限本人使用，不可以外借。卡务中心地址：学术报告厅楼下，逸夫楼对面。

图书馆的使用

1. 图书馆对本科生及研究生开放；
2. 学生进入图书馆需刷校园卡；
3. 借书需要先携带学生证与校园卡到图书馆一层服务台开通借书功能；
4. 在图书馆借书，一般只能借一个月，期满后需要到图书馆柜台办理续借手续，如果过期不还或丢失，图书馆将视情节轻重给予相应的罚款；
5. 各院系一般都有内部图书馆（室），可以向所在院系咨询内部图书的使用方法；
6. 留学生毕业时需确保所借图书均已归还，并经图书馆确认后，才可以办理离校手续。

快递服务

1. 学校内有各家快递公司营业点，可以为你提供邮寄服务；
2. 快递营业点位于腐蚀楼东南。

北京科技大学地址：
University of Science and Technology Beijing
#30 Xueyuan Road, Haidian District, Beijing 100083
People's Republic of China
中国 北京 100083
海淀区学院路30号北京科技大学

网络服务

学校为每位学生提供校园网网络服务，留学生公寓的每个房间都有校园网网络接口，你可以携带校园卡到卡务中心开通校园网网络服务并充值。

你也可以租赁Model办理ADSL上网，具体办理方法可以咨询公寓服务台。

SIM卡办理

1. 留学生在学期间如果更换电话号码，需告知留学生中心班主任；
2. 学校内有中国移动、中国联通营业厅，办理SIM卡时需携带护照。

移动营业厅：3斋1层（篮球场对面）
联通营业厅：3斋1层（篮球场对面）

货币及银行

北京的很多银行网点都提供外币兑换服务，如果持有外币现金的话可以很方便地换成人民币。

去银行取钱或兑换外币时需要携带护照。

校园内有中国银行的营业点（图书馆南侧），校园周边有中国工商银行（北门）、北京银行（东门）的营业点。

同时很多地方设有ATM机，如学生公寓3斋1层、2斋东侧、鸿博园1层、10斋1层等。

中国银行客户服务电话：95566，网址：http://www.bank-of-china.com/
中国工商银行客户服务电话：95588，网址：http://www.icbc.com.cn/
中国建设银行客户服务电话：95533，网址：http://www.ccb.com.cn/
中国农业银行客户服务电话：95599，网址：http://www.abchina.com/

特别提醒

1. 请大家不要在非正规的机构和个人处兑换货币，未经政府批准的货币兑换往往有很大的风险，比如假钞等；
2. 留学生中心发放给大家的银行卡，仅用来缴纳学费和发放补助，请大家不要将生活费存在卡内。

事故处理

留学生出行应严格遵守交通规则，如果不幸遭遇了交通事故，在无人受伤的情况下，应首先拨打122报警，记录事故车辆牌号并保护现场，等待交警到现场进行责任判定和事故处理；如果有人受伤，应先送伤者到医院进行治疗，并尽快拨打122报警；

轻微的事故可以双方自行协商解决。绝对不可以在造成事故后逃逸，因为这不仅要承担事故的全部责任，而且可能会引发刑事处理。

如发生打架斗殴情况，要及时拨打110报警，等待警察到场处理。

北科大报警电话：62334999。

紧急报警电话：
匪警：110　火警：119　交通事故：122　医疗急救：120 或 999

以上电话你可以在任何一部电话上免费拨打，如IC卡电话、投币电话等，你都可以直接拨打紧急电话而不必插卡或投币。

购物场所

学生宿舍区

物美超市 营业时间8:00～23:00

家属区

物美超市 营业时间7:00～22:00
水果、蔬菜、鱼肉类市场

校外超市

西门外超市：超市发
东门外超市：物美超市
五道口超市：卜蜂莲花、华联超市
中关村超市：家乐福

体育设施

篮球场、足球场、排球场、攀岩场地、运动场位于学校中心位置，这些场地免费提供给学生使用。

体育馆位于学校东边，是2008年北京奥运会柔道与跆拳道比赛场馆，赛后改建供学生使用。体育馆内有乒乓球场、羽毛球场、室内篮球场、游泳馆、健身房等，需要办理体育馆卡后付费使用。

社团及协会

北京科技大学共有注册的学生社团100余家，涵盖人文社科、科技、公益、文艺、体育五大类别。

市内交通

1. 在校园内可以骑自行车，不允许驾驶摩托车；
2. 在中国，车辆和行人均靠右侧通行。

汽车

1. 驾驶汽车需要拥有合法的中国驾照，外国驾照不能在中国使用；
2. 酒后驾车是被严厉禁止的行为；
3. 所有驾驶汽车的外国留学生应当将使用车辆的行驶证和本人的驾驶证在留学生中心登记。

公共交通

北京市的公共交通十分发达，具体公交线路可以登录北京公交网查询:http://www.bjbus.com；地铁线路可以登录北京地铁网查询：http://www.bjsubway.com/。

1. 北科大周边公交车站：

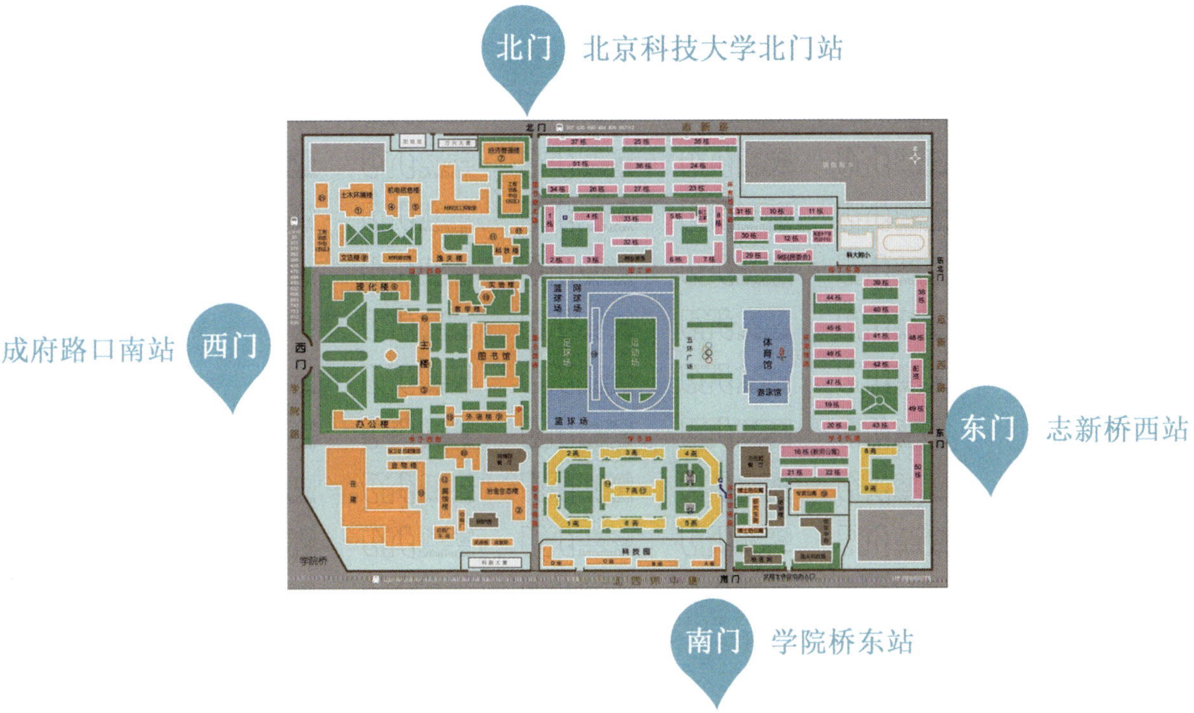

2. 北科大周边地铁站：

五道口站（13号线）；牡丹园站、西土城站（10号线）；惠新西街北口（5号线）；北沙滩站、六道口站（15号线）。

出租车

1. 北京出租汽车昼夜服务。车费按行驶里程计算；
2. 出租汽车车顶有“TAXI”的标志灯，车内监督卡有司机的照片、姓名、单位和监督电话；
3. 下车时司机会给你打印出乘车费发票，你最好保留好发票，万一有问题可以凭发票联系到出租车或它所在的公司。

除寒暑假以外的法定节假日

1月1日
元旦
放假1天

4月4日或5日
清明节
放假1天

5月1日
劳动节
放假1天

农历五月初五
端午节
放假1天

农历八月十五
中秋节
放假1天

10月1日
国庆节
放假3天

- 留学生可以在假期到外地旅游，外出旅游前需到班主任处登记；
- 外出旅行时，一定要带上护照，并要保管好证件和贵重物品；
- 留学生只能在周末、节假日和寒暑假外出旅行，学习期间不能请假外出旅行。

特别提醒

留学生在旅游时未经允许，不得进入未对外国人开放的地区和场所。如因科研或学术需要，需经专门批准，才可进入未开放区。违反上述规定，公安机关将依据《中华人民共和国外国人管理法》的有关规定予以处罚。

保险理赔

留学生报到注册时需按照中国教育部规定缴纳保险费，购买医疗保险。学校根据相关规定选择的保险公司为平安养老保险股份有限公司，保险费用为600元/年，300元/半年。

对于中国政府奖学金生，中国政府会按照有关规定为其购买保险；校长奖学金生，会按照有关规定为其购买保险；其余学生需自费购买保险。

保险公司承担身故保险责任、意外残疾责任、意外伤害医疗保险责任、门急诊医疗保险责任、住院医疗保险责任。

理赔额度

门诊医疗

就诊费用日限额为600元，奖学金生累计起付线为650元，自费生起付线为2000元，起付线以上的部分保险公司按照85%的比例赔付。

案例分析

留学生A在保险期间内因病在当地的公立医院就诊，2014年2月1日花费900元，5月3日花费400元，7月15日花费700元（就诊费用均为合理费用）。

理赔计算公式：｛（600元+400元+600元）-650元｝×85%=807.50元（超过日限额600元的按600元计算）

住院医疗

在保险期间内，因意外伤害或疾病住院，对于合理医疗费用，保险公司将100%进行理赔，其中护工费最高按100元/天，累计30天进行理赔，床位费按最高300元/天进行理赔。

意外伤害

意外伤害包括的范围很广，包括在打球的时候扭伤、路太滑摔倒受伤、不小心被砸到受伤、不小心割伤手指等小的伤害，也包括发生车祸等大的伤害。

保险公司将根据留学生门诊治疗或住院治疗的情况进行理赔。

对于没有医疗保险的留学生，学校将不予办理注册手续。

注：具体保险说明请查看：www.lxbx.net --> 点击【相关责任】

理赔流程

就医或出险后，立即拔打4008105119接通后按1键(保险公司24小时理赔及救援咨询电话)。

每月26、27、28日将理赔材料交至留学生中心办理报销手续（如遇节假日，顺延到之后的第一个工作日）。

留学生中心审核理赔材料，并递交保险公司。

保险公司收到材料后的15个工作日，将赔付费用汇入留学生指定的银行账户内。

理赔需提交以下材料

- 公立医院门诊收费票据
- 病历复印件，处方单、检查、化验报告单复印件
- 护照复印件
- 账户信息：留学生在中国银行北科大支行账户的开户名和账号信息

特别提醒

就诊医院限定为中国大陆境内的公立医院，如在私立医院和公立医院内的特需门诊部就医，费用不予报销。

我校指定医院：北京科技大学医院，北京大学第三医院。

镶牙、配眼镜、分娩、人工流产、矫正生理缺陷、购买营养滋补品以及治疗来华前已患有的慢性疾病，均由留学生本人自理。因违反校纪、法律（打架、斗殴等行为）造成伤亡事故，所需支付的有关费用，均由本人自理。

附录

请假条

__________老师：

由于____原因，需请假______天，时间从_______________至_____________，望批准。

学生签字：

日期：

导师/班主任意见：　　　　　　　签字：

留学生主管领导意见：　　　　　　签字：

Written request for leave

To:

From:

Date:

Subject:

Dear __________,

I would like to know if I could ask for a leave for _____ day from _______ to _______. Because ________________________.

Opinion from supervisor or class adviser:　　　　　　Signature

Opinion from the teacher in charge of international students:　　　　　　Signature

留学生中心班主任留存

北京科技大学本科留学生休学/复学/退学申请表

学号		中文姓名		英文姓名	
国籍		性　　别		班　　级	
入学时间		院系名称		专业名称	
经费来源		在华电话		**email** 地址	
永久电话		通讯地址			
学籍变动情况（在相应的（）内划√）	（ ）休学　从____年___月 至____年___月 （ ）复学　从____年___月 开始复学 申请 **JW202** 表：　☐ 是（☐自取 / ☐邮寄）　☐ 否 （ ）退学　从____年___月 开始退学				
学籍变动原因 本人签字： 年　月　日					
班主任意见： 班主任签字： 年　月　日			国际合作与交流处意见： 负责人签字： 国际合作与交流处公章　年　月　日		
教务处意见： 负责人签字： 教务处公章　年　月　日					
备注：					

填表说明：

（1）本表应附学生本人申请书和有关证明（因病休学、复学需附校医院保健科诊断书）；

（2）本表一式三份，分别由教务处、留学生办公室、学生所在院（系、所）存档。

北京科技大学本科留学生延长/降级申请表

学号		中文姓名		英文姓名	
国籍		性　别		班　级	
入学时间		院系名称		专业名称	
经费来源		在华电话		email 地址	
永久电话		通讯地址			
学籍变动情况（在相应的（）内划√）	（ ）降级　降至班级______　教学班级______ （ ）延长　延长至______年____月				
学籍变动原因 本人签字: 年　月　日					
-					
教务处意见: 负责人签字: 教务处公章　年　月　日					
备注:					

填表说明：本表一式三份，分别由教务处、留学生中心、学生所在院（系、所）存档。

北京科技大学本科留学生转专业申请表

<table>
<tr><td>学　号</td><td></td><td>中文姓名</td><td></td><td>英文姓名</td><td></td></tr>
<tr><td>性　别</td><td></td><td>国　籍</td><td></td><td>班　级</td><td></td></tr>
<tr><td>入学日期</td><td></td><td>现在院系</td><td></td><td>现在专业</td><td></td></tr>
<tr><td>经费来源</td><td></td><td>联系电话</td><td></td><td>e-mail</td><td></td></tr>
<tr><td>学生申请</td><td colspan="5">本人自愿申请转入 ______________ 院 ______________________ 专业(类)学习；并承诺今后因转专业所造成的一切后果，均由本人承担不再反悔。
申请转专业的原因如下：

签字：　　　　　　　　　年　　月　　日</td></tr>
<tr><td>留学生中心意见</td><td colspan="5">（盖章）　　签字：　　　　　　　　　年　　月　　日</td></tr>
<tr><td>教务处意见</td><td colspan="5">（盖章）　　签字：　　　　　　　　　年　　月　　日</td></tr>
<tr><td>备注</td><td colspan="5"></td></tr>
</table>

注：凡已批准转专业的学生，不再受理转回原专业学习的申请。

北京科技大学留学生成绩单

姓名：

国籍：　　　　　　　　　　　　　性　　别：

学号：　　　　　　　　　　　　　学生类别：本科生

专业：　　　　　　　　　　　　　学习时间：

序号	课 程 名 称	学 时	学 分	成 绩
1	中国概况	48	3.0	79
2				
3				
4				
5				
6				
7				
8				
9				

注：100--90 优秀，89—80 良好，79—70 中等，69—60 及格，59 分以下不及格。

北京科技大学

日期：

UNIVERSITY OF SCIENCE AND TECHNOLOGY BEIJING

STUDENT GRADE RECORD

Date:

Name:
Nationality: Sex:
Student ID: Student Status: Undergraduate
Major: Length of Study:

No	Subject	Total Hours	Total Credits	Marks
1	Overview of China	48	3.0	84
2				
3				
4				
5				
6				
7				
8				

Note: Examination is graded as Excellent 100—90, Good 89—80, Fair 79—70, Pass 69—60, Failed 59 or below, system.

北京科技大学研究生成绩单

姓名：

国籍：　　　　　　　　　　　　　　　性　　别：

学号：　　　　　　　　　　　　　　　学生类别：硕士研究生/博士研究生

专业：　　　　　　　　　　　　　　　学习时间：

序号	课 程 名 称	学 时	学 分	成 绩
1	中国概况	48	3.0	79
2				
3				
4				
5				
6				
7				
8				
9				

注：100--90 优秀，89—80 良好，79—70 中等，69—60 及格，59 分以下不及格。

北京科技大学

日期：

UNIVERSITY OF SCIENCE AND TECHNOLOGY BEIJING

STUDENT GRADE RECORD

Date:

Name:

Nationality: Sex:

Student ID: Student Status: Master's / Doctor's Program

Major: Length of Study:

No	Subject	Total Hours	Total Credits	Marks
1	Overview of China	48	3.0	84
2				
3				
4				
5				
6				
7				
8				

Note: Examination is graded as Excellent 100—90, Good 89—80, Fair 79—70, Pass 69—60, Failed 59 or below, system.

补办学生证申请表

姓名：____________________

性别：____________________

国籍：____________________

生日：____________________

学号：____________________

学院：____________________

专业：____________________

补办原因：____

北京科技大学
UNIVERSITY OF SCIENCE AND TECHNOLOGY BEIJING

证　明

学生

中文姓名：

英文姓名：

性别：

国籍：

护照号码：

出生日期：

自　　　年　　　月起，

在我校　　　　　　　学院　　　　　　　　　专业就读，

学制　　　年。

特此证明！

北京科技大学

国际合作与交流处

20　年　　月　　日

北京科技大学
UNIVERSITY OF SCIENCE AND TECHNOLOGY BEIJING

Certificate

This is to certify that （Name） Mr./Miss

Gender: ☐ female, ☐ male

Nationality:

Passport No. :

Date of Birth:

is now a full-time student in the major of

in our university for ☐ Bachelor ☐ Master ☐ Doctor Degree.

He/She will study here for years since .

International Office

University of Science and Technology Beijing

Date:

北京科技大学本科留学生休学/复学/退学申请表

学号		中文姓名		英文姓名	
国籍		性　别		班　级	
入学时间		院系名称		专业名称	
经费来源		在华电话		email 地址	
永久电话		通讯地址			

学籍变动情况（在相应的（）内划√）	（ ）休学　　从______年___月至______年___月 （ ）复学　　从______年___月开始复学 申请 JW202 表：　□是（□自取 / □邮寄）　□否 （ ）退学　　从______年___月开始退学

学籍变动原因

本人签字:

年　月　日

班主任意见: 班主任签字: 年　月　日	留学生中心意见: 负责人签字: 公章　　年　月　日

教务处意见:

负责人签字:

教务处公章　　年　月　日

备注:

填表说明：（1）本表应附学生本人申请书和有关证明（因病休学、复学需附医院诊断书）；

（2）本表一式三份，分别由教务处、留学生中心、学生所在院（系、所）存档。